AF220202

Existenzgründung für Einsteiger

- Schritt für Schritt in die Selbstständigkeit –

Eine Geschäftsidee entwickeln, den Businessplan ausarbeiten und ein erfolgreiches Startup Unternehmen gründen

Matthias Warnecke

INHALT

Das erwartet Sie in diesem Buch

Haben Sie das Gefühl, in Ihrer Arbeit festzustecken, oder fühlen Sie sich hier nicht frei genug? Möchten Sie frei entscheiden und Ihre Arbeitsweise und den Weg dabei selbst gestalten? Dann haben Sie beim Kauf dieses Buches die richtige Entscheidung getroffen. Man verbringt einen Großteil seiner Lebenszeit in der Arbeit und sollte sich hier wohlfühlen und glücklich sein. Sie haben eine einzigartige Idee oder kennen sich hervorragend in einer Branche aus, dann fassen Sie all Ihren Mut zusammen und setzen Sie diese Idee in die Tat um. Man kann nur zwei Dinge falsch machen: aufhören oder gar nicht erst anfangen. Packen Sie Ihre Wünsche und Ziele an und motivieren Sie sich stetig selbst dabei. Wie man sich durch eine Existenzgründung verselbstständigen kann, erfahren Sie schrittweise in diesem Buch.

Sie erfahren hier alles über die Teilschritte und notwendigen Überlegungen und Vorbereitungen. Ebenso, was man beachten muss, um erfolgreich werden zu können, und wo man sich welche Hilfe und Unterstützung holen kann. Eine Existenzgründung ist ein großer Schritt, der gut durchdacht und geplant werden muss. Allein die Planung im Voraus ist ein wichtiger Punkt, welcher das erfolgreiche Durchführen einer Gründung eines Unternehmens stark beeinflusst. Als Existenzgründer benötigen Sie Ausdauer und Durchhaltevermögen und Sie stellen sich einer Vielzahl von Hürden. Darauf soll Sie dieses Buch gut vorbereiten und hinweisen und Ihnen als Leitfaden dienen.

Den Gedanken an die Selbstständigkeit, an die Gründung eines Unternehmens haben die meisten Menschen mindestens einmal in ihrem Leben, jedoch gilt es hier, wirklich durchdacht an das Thema Gründung mit all seinen Hürden und Facetten heranzutreten. Wenn Sie ernsthaft mit diesem Gedanken spielen, Sie das Buch fertig gelesen haben und die notwendigen Teilschritte auf Ihre eigene Planung umgesetzt haben, dann können Sie sich gewiss sicher in Ihrer Entscheidung fühlen.

Natürlich gibt es auch einige Anbieter, welche all diese Teilschritte für Sie in Ihrem Auftrag tätigen und Ihnen damit eine massive Ersparnis an Zeit und Kraft ermöglichen, jedoch ist dies natürlich mit enormen Kosten zusätzlich verbunden. Der einfachere Weg ist daher nicht für alle der Richtige. Finanzielle Rücklagen für eine Existenzgründung hat nicht jeder und die Höhe ist hier oftmals auch entscheidend, schon allein für die Wahl der Rechtsform Ihres geplanten Unternehmens. Aber all diese Details und Hilfestellungen sollen Sie hier in diesem Buch erfahren, um davon in Ihrem Vorhaben profitieren zu können.

Die Existenzgründung

WAS BEDEUTET EXISTENZGRÜNDUNG?

Bevor Sie mit der Umsetzung beginnen können, müssen Sie erst einmal verstehen, was eine Existenzgründung beinhaltet und für Sie als Person bedeutet.

Wenn Sie sich beruflich selbstständig machen und ein eigenes Unternehmen gründen möchten, sprechen Sie von einer Existenzgründung, von einer Gründung eines Unternehmens von null an. Sie bauen damit Stein für Stein Ihr eigenes Unternehmen auf. Ein spannender Lebensabschnitt, der jedoch gut geplant sein sollte, denn dabei gilt es, die einzelnen Teilschritte exakt zu beachten, damit nichts vergessen wird und erschwerende Hürden von vornherein ersichtlich eingerechnet werden können. Wenn von Beginn an in der schrittweisen Vorgehensweise schon Fehler passieren, zieht sich das über die gesamte Gründungsphase hindurch und kann dem Scheitern des Unternehmens leider auch zuspielen. Daher sollten Sie hier gut vorbeugen.

Eine Existenzgründung ist keine schnelle Angelegenheit, die man einfach mit einem „Fingerschnippen" hervorbringen kann. Bis zu drei Jahre nach der tatsächlichen Gründung gilt man deshalb auch noch als Junggründer, da eine Gewinnerzielung im Durchschnitt nach circa zwei Jahren Laufzeit erst einzuplanen ist. Dies hat jedoch auch finanzielle Vorteile, damit auch diese Phase von Ihnen gut überstanden werden kann, wie beispielsweise die Gewährung von Unterstützungen durch den Staat und andere Förderer.

Die Planung

D ie Planung ist dabei der wichtigste Punkt, stellen Sie ihn sich als Checkliste vor sich dar und haken Sie am besten Punkt für Punkt die Teilschritte ab, um nichts auszulassen. Die Ablaufplanung einer Existenzgründung beginnt stets mit der Klärung Ihrer persönlichen Voraussetzungen. Sind Sie der richtige Typ als Gründer? Können Sie allein ein Unternehmen anführen? Haben Sie Ausdauer und sind Sie ein zielorientierter Mensch? Wenn Sie sich dessen im Klaren sind, können Sie sich auf Ihre Unternehmensidee fokussieren. Die weiteren Schritte wären die Umfeldanalyse sowie die Erstellung einer

Konzeption und eines Kosten- und Umsatzplanes. Die nächsten Schritte umfassen die Kapitalbedarfsplanung und die Überprüfung der Finanzierung. Sobald diese Schritte erfolgt sind, wird erst Ihr tatsächlicher Konzeptplan vollständig ausgearbeitet und eventuell bei Banken oder bei Ihren potenziellen monetären Fördergebern vorgestellt. Wenn eine Finanzierung geklärt ist und die Unternehmensform gewählt wurde, die passenden Versicherungen abgeschlossen sind und das Firmenkonto eingerichtet ist, kann die Gründung im eigentlichen Sinne erst beginnen. Wobei Sie sich dann mit Themen wie der Kundenakquise und Werbung beschäftigen werden. Daher wird im folgenden Punkt zunächst einmal mit der Unternehmensplanung begonnen, um nichts zu überstürzen.

Die Unternehmensidee

Die Unternehmensidee ist stets vom Markt und den Bedürfnissen der derzeitigen Gesellschaft abhängig, daher sollte diese genauestens untersucht und der Bedarf hierzu auch regelmäßig überprüft werden.

Die Geschäftsidee ist eine Grundvoraussetzung für den Erfolg, sie garantiert diesen zwar nicht, gilt jedoch als Grundlage für Existenzgründer wie Sie. Dies bedarf grundlegend einer Beobachtung von langfristigen Marktforschungen, einer Beobachtung von neuen Trends sowie einer guten persönlichen Vorbereitung.

Die wichtigsten zu beachtenden Aspekte hierzu sollen in den folgenden Unterkapiteln, wie etwa die Ideenfindung, das Profitieren aus bereits vorhandenen Geschäftsideen, die Marktbeobachtung und die von Ihnen selbst durchgeführte Marktforschung, detailliert aufgezeigt werden.

DIE IDEENFINDUNG

Bei der Ideenfindung erscheint es hilfreich, die Auswahl des Fachgebietes, in welchem Sie bestenfalls bereits Vorkenntnisse vorweisen können, mit der Kreativität eines Jungunternehmers zu verknüpfen.

Ebenso sollte eine Idee den Enthusiasmus einschließen, welcher Ihnen durch mögliche schwierige Zeiten helfen kann und auch ebenso zur positiven Folge hat, dass Sie potenzielle Geschäftspartner für sich gewinnen können.

Mit diesem Wissen sollte Ihre Idee in die Praxis transferiert werden und sich wirtschaftlich realisieren lassen. Eine ausreichend gesicherte Eigenkapitaldecke für nötige Investitionen sollte beim Abwägen von Angebot und Nachfrage unbedingt überprüft werden. Daher sind in dieser Phase bereits umfassende Informationen vonnöten und machen eine systematische Marktforschung erforderlich. Ebenso wichtig ist es, dass Sie sich mit Ihrer Idee von anderen abheben, um ein Alleinstellungsmerkmal herauszukristallisieren. Ausführliche Forschungen bezüglich diverser Marktlücken mit ihren speziellen und individuellen Besonderheiten sind hierfür unausweichlich.

Sie haben bereits eine Geschäftsidee und heben sich durch ein Alleinstellungsmerkmal aus der Masse ab? Dann können Sie den ersten Punkt für sich abhaken und zum nächsten übergehen.

PROFITIEREN SIE AUS BEREITS VORHANDENEN GESCHÄFTSIDEEN

Da beispielsweise am deutschen Arbeitsmarkt bereits einige andere Geschäftsideen bezüglich der Gründung eines Unternehmens auch in Ihrem gewählten Bereich existieren, erscheinen diese sehr hilfreich für Existenzgründer wie Sie, womit Sie für sich an Profit gewinnen können.

Konzeptionen sowie Businesspläne wurden diesbezüglich schon vielfach verfasst und dienen bei der Existenzgründung als Leitfaden und Orientierungspunkt für Ihre eigene individuelle Neuerstellung. Auch das bereits erwähnte Alleinstellungsmerkmal, welches für Existenzgründer besonders wichtig erscheint, kann daraus ebenso ersichtlich werden.

Zusätzlich zu Ihrer eigenen Nachforschung von bereits vorhandenen Geschäftsideen Ihres gewählten Bereiches gibt es die Möglichkeit, Ihre eigene Geschäftsidee beispielsweise bei der Erfinderberatung einzureichen und dort überprüfen zu lassen. Dies geschieht online auf der Homepage www.erfinderberatung.com, welche ebenfalls aus der Erfahrung der bereits vorhandenen Geschäftsideen profitiert und hiermit vergleicht.

Auch eine weitere Unterstützungsmöglichkeit bieten Unternehmen, wie zum Beispiel „Start2grow", welche aus bereits entstandenen Erfahrungen profitieren und damit Existenzgründern weiterhelfen, bietet online ihre Unterstützung an.

Fühlen Sie sich hier bereits gut informiert und können den Profit für sich nutzen? Dann gehen

Sie zum nächsten Punkt über und konzentrieren Sie sich auf die Marktforschung in Ihrer Rubrik.

Die Marktbeobachtung

Eine detaillierte Marktanalyse zur Fokussierung auf den Klienten als Individuum dient der Grundlage und gliedert sich in die externe und interne Umweltanalyse auf.

Dabei beinhaltet die externe Umweltanalyse exemplarische Gesichtspunkte, wie den Gesamtmarkt, die zusammenhängenden Marktsegmente und deren Liquiditätsbereitschaft, die Konkurrenz und die Netzwerkerschließung.

Die interne Umweltanalyse inkludiert andererseits Faktoren wie unternehmerische Ressourcen und weitere Entwicklungsmöglichkeiten.

Auch die Marktfähigkeit sollte bei der Marktbeobachtung stets ein wichtiges Prüfkriterium sein und den Bedarf innerhalb der Gesellschaft inkludieren. Durch einen gesellschaftlichen Wandel eröffnen sich zwar eine Vielzahl an neuen Bereichen, jedoch bedarf es auch hier vielfältig neuer Strukturen. Darum brauchen Sie ein beständig flexibles und zugleich preisgünstiges Angebot in Ihrem Bedarfsbereich, um auch hier auf die ökonomischen und politischen Ideen und Veränderungen eingehen zu können.

Wenn Sie den Markt ausreichend erforscht haben, Sie sich bezüglich Angebot und Nachfrage bewusst sind und wenn Sie der Meinung sind, Ihre Geschäftsidee kann sich hier fest etablieren, dann widmen Sie sich im nächsten Teilschritt der Positionierung im Marktsegment. Das bedeutet, dass Sie sich zu Ihrer eigenen Sicherheit die Arbeitsmarkteinschätzung und die Konkurrenz genauer ansehen.

DIE ARBEITSMARKTEINSCHÄT-
ZUNG

Laut Statistischem Bundesamt, Wirtschaft und Statistik, wurde im Juli 2013 das Ergebnis der Erwerbstätigenrechnung im Rahmen der volkswirtschaftlichen Gesamtrechnung ermittelt. So hat sich die Entwicklung der Selbstständigen im Vergleich zu den Arbeitnehmern von 2002 bis 2012 stark verändert. 2002 gab es in Deutschland beispielsweise eine stärkere Ausprägung im Bereich der Selbstständigen von circa 9 % und im Vergleich dazu einen Rückgang der Arbeitnehmer von circa 7 %. Der prozentuale Anstieg der Arbeitnehmer bis zum Jahre 2012 war hierbei geringer als der der Selbstständigen, aufgrund vieler Minijobs und Zeitarbeitsbeschäftigungen. Dies änderte sich jedoch im Jahre 2007 massiv, aufgrund sozialversicherungspflichtiger Beschäftigungsverhältnisse und dem Zurückfahren von Fördergeldern für Selbstständige. 2012 hingegen wurden die Arbeitnehmer-Zahlen von circa -11 % sowie die Zahl der Selbstständigen auf einen Wert von circa 4 % ermittelt.

Die staatlich geförderten Programme, wie das Überbrückungsgeld, welches 2002 als einziges Förderprogramm genutzt wurde, verringerten sich bis 2006 massiv, dagegen stieg der Existenzgründerzuschuss (Ich-AG) von 2003 bis 2006 enorm an. Hingegen verringerte sich der Wert von 2007 bis 2009 abermals aufgrund der Übernahme dieser Förderung durch einen Gründungszuschuss, welcher von 2010 bis 2012 als alleinige Fördermaßnahme von Existenzgründern wahrgenommen wurde.

Dabei wurde ersichtlich, dass der Solo-Selbstständigen-Anteil seit 2002 mit 51 % im Gegensatz zu den Selbstständigen mit Beschäftigten (49 %) nach und nach bis 2012 mit 57 % der Solo-Selbstständigen anstieg und damit einen höheren Anteil als den der Selbstständigen mit Beschäftigten ausmachte.

Allgemein sei hier zu erwähnen, dass die Entwicklung der Selbstständigen-Zahl mit etwa 10 % im Jahr 2002 bis zum Jahre 2012 auf etwa 11 % angestiegen ist.

Im Vergleich zu den verschiedenen Wirtschaftsbereichen in Deutschland liegt der prozentuale Wert der Selbstständigen exemplarisch in der Branche der öffentlichen Dienstleister, Erziehung und Gesundheit im Jahre 2002 bei 12 % und stieg bis 2012 auf 14 % an.

Bei der Geschlechterverteilung wird, laut Mikrozensus von 2013, ersichtlich, dass die Quote der Frauen innerhalb einer Erwerbstätigkeit mit 46 % im Vergleich zu den Männern noch am höchsten ist. Als Solo-Selbstständige liegt der prozentuale Anteil der Frauen nur noch bei 37 % und bei Selbstständigen mit Beschäftigten dann bereits nur noch bei 24 %. Jedoch sei hier zu erwähnen, dass dort eine starke Entwicklung in Deutschland stattgefunden hat. Die Analysen auf der Grundlage der Gewerbeanzeigenstatistik zeigen 2019 ebenso, dass Frauen nach wie vor bei der Gründungsinitiative hinten liegen. Dies scheint ursächlich in der allgemein wesentlich niedrigeren Gründungsneigung von Frauen – im Vergleich zu den Männern.

Lassen Sie sich von den Zahlen nicht unterkriegen und fassen Sie Ihren Mut zusammen, eine oder einer dieser Existenzgründer zu werden, und achten Sie als nächsten Punkt auf die Konkurrenzanalyse.

DIE KONKURRENZANALYSE

Bei der Konkurrenzanalyse ist es wichtig, sich den Wettbewerb auf dem Wirtschaftsmarkt anzusehen und dabei folgende Kriterien mit der eigenen Existenzgründeridee zu vergleichen:

Heben Sie sich von der Angebotsvielfalt anderer Firmen Ihrer auserwählten Branche mit einem Alleinstellungsmerkmal ab? Dabei sollten Sie einen Preisvergleich erstellen und die diversen Angebote der anderen Firmen mit der Auswahl der eigenen Gründeridee vergleichen.

Finanzierung und Kostenplanung

In diesem Zusammenhang darf keine Illusion des Staates erweckt werden, dass gesetzliche Vorschriften Unternehmensschwierigkeiten verhindern, sondern alle Personen, für die es wichtig ist, wie sich bestimmte Betriebe verhalten, sollten dazu beitragen, dass Schwierigkeiten der Firma vermieden und wirtschaftliche Chancen aufgegriffen und genutzt werden, damit die Wettbewerbsfähigkeit sich auch nachhaltig steigern kann.

Allgemein sei zu erwähnen, dass das Finanzmanagement ein grundlegender Abschnitt in der prinzipiellen Unternehmensführung vonnöten ist.

Grundlegende Daten für Kosten- und Leistungsrechnungen werden in der Finanzbuchhaltung durch die eigene Kontrolle und die detaillierte Unternehmensermittlung aufgrund vielfältiger Rechensysteme festgeschrieben und sie dienen Ihnen selbst auch zugleich als persönliche, aber auch als staatliche Überprüfung.

In Untersuchungen sowie auch in der Insolvenzstatistik, Bezug nehmend auf Unternehmensfehlschläge, wird belegt, dass neu gegründete Unternehmen in den ersten Existenzgründungsjahren häufiger anfällig für Fehlschläge sind. Sie fragen sich bestimmt, was hier die Ursachen dafür sein könnten und wie Sie sie am besten umgehen können. Hierzu sollen Ihnen Beispiele verdeutlicht werden:

Das mangelnde, systematisch betriebene Marketing, fehlende Objektivität, die defizitäre Risikounterschätzung, unzureichende Marktkenntnisse, Planungsfehler und -lücken und auch oftmals ein zu eng gesetzter Finanzierungsrahmen von Beginn an sind größtenteils hierfür verantwortlich.

Zusätzliche Untersuchungen ergaben auch, dass oftmals das Existenzgründerstartkapital einen Mangel aufweist, welches die Umsetzung in ein marktfähiges Unternehmen letztendlich behindert. Beispielsweise scheitern hier um die 84 % der Anfragen Bezug nehmend auf Kredite bei Banken am Eigenkapital. Finanzmittel wie das Eigen- und Fremdkapital spielen daher schon bei der Verhandlung mit den Banken eine wichtige Rolle. So werden zu Beginn einer Existenzgründung mit dem Eigenkapital und Partnern schon die Grundpfeiler des Unternehmens gesetzt. Daher ist eine fachmännische Beratung im Vorfeld wichtig für Sie und auch wichtiger als Subventionen. In der Analysephase sollten Sie aus diesem Grund zuvor die Sicherung Ihrer laufenden Einkünfte durch private und staatliche Finanziers abgeklärt haben. Öffentliche Fördermittel inkludieren daher die Darlehensvergabe, Bürgschaften und auch die Beratungsförderung für Sie.

Die gesetzliche Rentenversicherung unterhält ein Netzwerk mit Auskunfts- und Beratungsstellen sowie kostenlose Servicetelefone zur Beratung bei Ihrer Existenzgründung, welche von potenziellen Existenzgründern, wie Ihnen, genutzt werden können.

Aus diesem Grund spielen die Finanzierung und Kostenplanung bei Ihrer Existenzgründung eine bedeutende Rolle, sodass diese Erfolgsfaktoren im Folgenden genauer betrachtet werden sollen.

Wie bereits erläutert wurde, spielen kurzfristige Kredite für langfristige Investitionen eine bedeutende Rolle sowie auch hohe Fixkostenbelastungen oder unrealistische Finanzplanungen, welche nicht im Businessplan und in der Planung allgemein berücksichtigt wurden. Zusätzlich ist es auch von Vorteil für Sie, wenn Sie die öffentlichen Finanzierungshilfen gut auszuschöpfen, um das Startkapital zu erhöhen. Auch die Personalkostenüberschätzung hat hier eine Bedeutung, welche durch eine Übertreibung des Personalbedarfs beispielsweise die Kosten zu stark ausdehnt. Wie Ihnen vielleicht nun ersichtlich wurde, ist eine detaillierte Finanzierungsplanung vonnöten, um möglichem Scheitern bereits im Vorfeld entgegenwirken zu können. Die Erfolgsplanung wird daher im nächsten Punkt genauer betrachtet.

DIE WIRTSCHAFTLICHE ERFOLGS-PLANUNG

Zum kalkulierten Risikowagnis bei Ihrer Existenzgründung zählen also folgende Grundregeln, welche im Vorfeld gut von Ihnen betrachtet werden
müssen:

Die Wirtschaftlichkeit als Erfolgsrechnung zu
definieren, den Kapitalbedarf durch die Investiti-
ons- und Kostenplanung zu berechnen und die Finanzierung zu sichern, welche durch eine Finanzierungsplanung erfolgt. Ebenso sollten Sie die
Wirtschaftlichkeit Ihres Unternehmens durch eine
Erfolgs- und Rentabilitätsberechnung genauer definieren und diese für sich und Ihre Gründung auf-
stellen. Das beinhaltet für Sie, im Großen und
Ganzen einen Ausgleich der zu erwartenden Kosten und Einkünfte aufzulisten, wobei die von
Ihnen zu erwartenden Erträge höher sein müssen,
damit Sie hier überhaupt wirtschaftlich tätig werden können.

Finanzielle Erfolge werden auch bei den Banken genauestens geprüft und führen aufgrund von
Zweifeln an der Wirtschaftlichkeit der Existenzgründung bei 75 % zu negativen Kreditbescheiden.

Daher ist es wichtig, dass Sie hier exakt vorarbeiten, um zu den 25 % positiven Vergaben zählen zu können. Damit Sie sich hier als Existenzgründer explizite Gedanken zum Thema notwendige Investitionen und anfallende Kosten machen, welche im weiteren Verlauf für Sie noch genauer beleuchtet werden sollen.

INVESTITIONS- UND KOSTENPLANUNG

Die Kapitalbedarfsrechnung als Auflistung von notwendigen Investitionskosten bezüglich einer Existenzgründung dient als Fundament der Investitions- und Kostenplanung und umfasst diesen Bereich für Sie detailliert:

Zum Investitionsbedarf zählen für Sie die Gründungskosten bezüglich der Anmeldungen, Genehmigungen, Eintragungen und Beratungen sowie die Gebäudekosten ggf. mit der Maklerprovision und Mietkaution, bauliche Investitionen, Neuanschaffungen oder Ablösekosten für Erstausstattungen, Maschinen und von Ihnen benötigte Geräte sowie die Büroausstattung. Falls Sie für Ihr Unternehmen auch ein Kraftfahrzeug benötigen, zählt auch dieses zu diesem Bedarfsbereich. Ebenso sollten Sie auch die Eröffnungswerbekosten und Sicherheitsreserven an dieser Stelle auflisten.

Die Kostenplanung umfasst Fixkosten für Sie, wie Mitarbeitergehälter, Miet- und Pachtkosten inklusive Nebenkosten, Versicherungen, Beiträge, Steuern, KFZ-Kosten, Werbung- und Markteinführungsaufwand, Wartungen und Reparaturen, Bürobedarf und Fachbücher, Telefon- und Faxkosten, den Steuerberater und ggf. auch einen Unternehmensberater.

Zum anderen bestehen die Gründungskosten auch aus variablen Kosten, wie die Erstattungskosten und Kosten für Abschreibungen.

Zusätzlich dient die Einnahmen-Überschuss-Rechnung für Sie als eigene Kontrolle sowie zu einer besseren Übersicht. Dabei werden beispielsweise Bedarfe wie die Miet- und Nebenkosten, Strom, Reinigung, Telefon, Kopierkosten, KFZ-Kosten inklusive der Fahrtkosten, Fachliteratur, Fortbildungen und Beratungen, Bürobedarf, Lohnkosten, Versicherungen, Fremdleistungen, Steuerberatung, Werbekosten und weitere Investitionskosten zusammengerechnet und mit Ihren

Einnahmen und Forderungen wie Honoraren und Vergütungen verrechnet. Das grobe wirtschaftliche Mindesteinkommen ergibt für Sie dann das Existenzminimum, welches von Ihnen nicht zu gering ermittelt werden sollte, um auch tatsächlich einen wirtschaftlichen Erfolg erzielen zu können.

Um Finanzierungsfehler, welche oftmals aufgrund eines zu gering gesteckten Finanzrahmens, wie bereits erwähnt, oder einer fehlerhaften Einschätzung des Kapitalbedarfs auftreten können, zu minimieren, können kaufmännische Defizite durch einen Mitgründer aus diesem Bereich oder auch durch entsprechende Zusatzschulungen von Ihnen selbst ausgeglichen werden.

Um im Detail auf die Investitionen eingehen zu können, benötigen Sie eine Finanzierungsplanung, welche im nächsten Abschnitt verdeutlicht wird.

DIE FINANZIERUNGSPLANUNG

Bei der Finanzierungsplanung ist es für Sie wichtig, den Kapitalbedarf als Kalkulation in der Gründungs- und Anfangsphase Ihrer Existenzgründung sowie die stetige Veränderung der

Finanzierungsquellen zu beachten. Dabei geht es beispielsweise um Ihr Eigenkapital, Ihre Privatkredite, Fremdfinanzierungen oder Kreditfinanzierungen sowie diverse Förderprogramme.

Dabei gibt es auch Fördermöglichkeiten, wie beispielsweise das KFW-Gründercoaching, wobei ein Gründercoach einen Gründer während der Gründerphase begleitet, um mögliche Fehler im Anfangsstadium vermeiden zu können und damit das Risiko zu verringern. Allerdings ist es wichtig für Sie, zu wissen, dass trotz Förderung ein Eigenanteil von ca. 100 Euro pro Stunde für einen Coach berechnet wird, welcher Ihnen per Datenbank aus über 2.000 eingetragenen Beratern aufgelistet dargestellt wird und dann von Ihnen selbst ausgewählt werden kann. Nachdem jedoch die Anfrage in diesem Bereich sehr hoch ist, scheint es allerdings nicht einfach zu sein, hier einen fundierten Berater finden zu können.

Kurz gesagt umfasst die Finanzierung und Kostenplanung wichtige Inhaltspunkte, welche Sie als Gründer mit einer detaillierten Finanzierungsplanung im Vorfeld sorgfältig ausarbeiten müssen, um die möglichen Finanzierungsfehler bereits im Vorfeld ausschließen zu können.

Der Businessplan

E in klarer Businessplan zur Erweiterung der Gründungsidee und der Marktanalyse gilt für Sie als Voraussetzung für den Vertrauensgewinn bei möglichen Finanziers oder Bankkreditgebern. Als Vorbereitung für ein Gründervorhaben ist ein detaillierter Businessplan essenziell, weshalb im Folgenden genauer auf dessen Sinn und Inhalte eingegangen werden soll:

Die **Sinnhaftigkeit** eines Businessplans als Überzeugungskraft für potenzielle Finanziers und Kreditgeber wird durch dessen Vorgabe der Unternehmensentwicklung verdeutlicht. Ein Businessplan sollte dabei stets neu angepasst und veränderbar sein. Er ist daher auch für Sie als Existenzgründer selbst von großem Vorteil. In diesem Leitfaden kommen folgende Aspekte für Sie nun zur Geltung:

Zu Beginn soll die Beschreibung der eigenen Person in Form von belegbaren beruflichen und fachlichen Qualifikationen festgeschrieben stehen, danach folgt die individuelle Geschäftsidee mit deren detaillierten Angaben zum Vorhaben sowie Angaben zur Nachfrage, im Anschluss kommt die Marktanalyse und Konkurrenzsituation. Danach erfolgt Ihre Darstellung der von Ihnen gewählten Rechtsform (welche in einem späteren Punkt extra für Sie noch aufgelistet werden), aufgezeigte Risiko- und Erfolgsfaktoren dürfen hier auch nicht fehlen. Die Finanzierungs- und Liquiditätsplanung umfasst den nächsten Abschnitt Ihres eigenen Businessplans sowie die darauffolgende Zielbenennung und Zukunftsperspektiven für die ersten zwei bis drei Gründerjahre.

Zu den **Merkmalen eines erfolgreichen Businessplans** zählt die Überzeugung durch Klarheit, was nun für Sie bedeutet, dass Ihre Darstellung bei der Beantwortung der Fragen bezüglich Ihres Unternehmens angemessen und strukturiert ist, damit sich der Leser zurechtfinden kann. Auch die Sachlichkeit dient der Überzeugung. Dies bedeutet, dass Sie Ihre Idee nicht zu kritisch, aber auch nicht zu überschwänglich darstellen und sachliche Abwägungen von Argumentationen hier sorgfältig inkludieren sollten. Sie hinterlassen gewiss auch einen kompetenten Eindruck, wenn Sie mit einfachen, detaillierten und erklärenden Aufführungen Ihre Idee darstellen. Ebenso wichtig ist es bei Ihrem Businessplan, darauf zu achten, dass dieser sich trotz möglicher Erstellung von mehreren Personen in der Darstellungsweise nicht unterscheiden soll und wie aus einem Guss mit einem roten Faden von Anfang bis Ende durchzulesen ist. Das optische Aushängeschild von Ihnen wird durch Ihren Businessplan ebenso ersichtlich.

Daher ist ein optischer und inhaltlich zusammenpassender Businessplan notwendig, welcher mit Ihrem passenden Firmenlogo und einer sauberen Einbindung visuell ansprechend wirken sollte.

Wie Sie nun erkennen, soll ein erfolgreicher Businessplan nicht nur visuell und strukturiert gegliedert, sondern auch in einer einfachen Sprache verfasst werden, damit Laien diesen verständlich lesen und Verwirrungen ausgeschlossen werden können.

BETRACHTUNGSWEISE DER INVESTOREN

Der erste Härtetest für Ihre erfolgreiche Umsetzung der Geschäftsidee umfasst die professionellen Investoren, welche für Sie den gesamten Gründungsprozess mit der Ausrichtung auf die Kapitalbeschaffung bedeuten. Hierbei ist es wichtig für Sie, wie die Investoren zu denken. Daher sollte auch die Kommunikation auf diese ausgerichtet werden, denn mit einer genialen Geschäftsidee allein geben sie sich selten zufrieden. Dies bezieht sich auf das Risikokapital, welches Sie für Ihre Gründung zur Finanzierung Ihres neuen Unternehmens benötigen. Investoren achten beispielsweise auf folgende Punkte im Businessplan:

Die größte Notwendigkeit Ihrerseits ist hierbei eine fachkundige und seriöse Unternehmensführung, diese wird in Ihrem Businessplan durch Ihr Unternehmenskonzept ersichtlich. Dabei spielt Ihre eigene Kompetenz zur

Unternehmensführung eine große Rolle sowie das nachhaltig innovative Angebot Ihrerseits und auch ein möglichst geringer Kostenaufwand für einen bestimmten Nutzen, mit dem dazu passenden Aufwandsbetreiben.

Durch den Stellenwert innerhalb des Marktsegmentes sollte sich die Chance bieten, innerhalb der ersten fünf Jahre der Gründung Ihres Unternehmens einen effizienten Umsatz erreichen zu können. Auch die Nachvollziehbarkeit bezüglich Kundengewinnung sollte in Ihrem Businessplan klar ersichtlich für potenzielle Investoren erscheinen und auch in diesem Zuge durch Fakten dargestellt werden.

Die Konkurrenzanalyse sollte hierbei zukunftsorientiert mit einem objektiven Blickwinkel aufgezeigt werden und vorausschauend mögliche Gefahren sachlich aufzeigen. Damit der potenzielle Investor mögliche Zurückerstattungen der Finanzierung für sich selbst sicherstellen kann, müssen die Gewinnausschüttungen und die Rückzahlungsleistungen in Ihrem Businessplan klar festgeschrieben sein.

Daher sei zu erwähnen, dass diese vielschichtigen Gesichtspunkte aus der Sicht der möglichen

Finanziers detailliert bei der Verfassung eines Businessplans von Ihnen beachtet werden sollten, um als Existenzgründer die Finanzierungschancen durch potenzielle Geldgeber erlangen zu können.

ANHALTSPUNKTE ZUR ERSTELLUNG EINES BUSINESSPLANS

Eine Checkliste eines erfolgreich erstellten Businessplans könnte Ihnen als hilfreicher Leitfaden dienen und sollte folgende Punkte beinhalten:

Zunächst sollte der Zeitpunkt der Existenzgründung von Ihnen dort festgeschrieben werden und die Gründerperson, also Sie oder zusätzliche Mitgründer, in Ihrem Gründervorhaben einschließen.

Als nächsten Punkt werden die Marktchancen und die Marktstrategien von Ihnen aufgelistet.

Im weiteren Verlauf ist das Benennen der Konkurrenz von Vorteil und wie Sie sich mit einem Alleinstellungsmerkmal von dieser abheben möchten.

Die Zukunftsaussichten beinhalten einen wichtigen Standpunkt des Businessplans und sollten mit der Branchenentwicklung, den

Zielformulierungen und den möglichen Risiken detaillierter beschrieben werden.

Im nächsten Schritt wird der Standort beschrieben und die Kostenplanung aufgelistet.

Eine Rentabilitätsvorschau rundet diesen Punkt dann sinnvoll für Sie ab.

Die Finanzierungsplanung sowie die Rechtsformbenennung und weitere rechtliche Bestimmungen werden zusätzlich zu den weiteren Rahmenbedingungen des Gründungsvorhabens im Businessplan von Ihnen verdeutlicht.

Nachdem der Zeitplan von Ihnen dort benannt wurde, schließt Ihr Businessplan mit den Anlagen, wie zum Beispiel Marktstudien und Referenzen, ab.

Wie bereits bei den Merkmalen benannt, verhilft das Verfassen des Businessplans in einer simplen und verständlichen Sprache sowie mit einem klaren roten Faden die Konzentration auf das Wesentliche zu fokussieren.

Die Rechtsformen

Aufgrund der vielseitigen Auswahl an diversen Rechtsformen ist es besonders wichtig, nicht nur derzeitige Lagen zu begutachten, sondern auch voranschreitende Aktivitäten der Zukunft in den Fokus zu nehmen und dass Sie sich durch die Wahl der Rechtsform nicht selbst in der Entfaltungsmöglichkeit einengen.

Zunächst einmal sollten Sie sich die Frage stellen: Wollen Sie Ihr Unternehmen allein oder mit mehreren Personen gründen? Dabei ist es auch wichtig, zu beachten, mit wie vielen Personen. Haben Sie sich auch hier schon Gedanken darüber gemacht, wer das Unternehmen leiten soll, wenn Sie es nicht als Einzelunternehmer gründen? Auch dieser Punkt ist wichtig, wenn Sie gemeinsam mit Partnern Ihre Geschäftsidee verwirklichen möchten, damit hier die Hierarchie im Vorfeld abgeklärt wurde. Wie viel Eigenkapital steht Ihnen für Ihr Vorhaben zur Verfügung? Bei gewissen Rechtsformen gibt es bestimmte Regelungen diesbezüglich. Bei Ihrer Rechtsformwahl sollte auch das beinhaltete Risiko beachtet werden, welches auf Sie als Existenzgründer zukommen könnte, da Sie nicht nur mit dem Geschäfts-, sondern auch mit Ihrem Privatvermögen in Haftung gezogen werden können, wenn etwas schiefläuft. Sie können daher als Gründer als Einzelunternehmer agieren oder sich für die Gründung einer nicht gemeinnützigen Personengesellschaft oder Kapitalgesellschaft entscheiden.

Daher werden im Folgenden nun die möglichen Rechtsformen genauer betrachtet.

GESELLSCHAFT MIT BESCHRÄNK-TER HAFTUNG (GMBH)

Zu Beginn wird auf die Gesellschaft mit beschränkter Haftung (GmbH) eingegangen, welche

zu den am häufigsten auftretenden Gesellschafts-
formen innerhalb des deutschen Mittelstandes
zählt.

Bei der Gründung muss ein Stammkapital in
Höhe von mindestens 25.000 Euro eingebracht
werden, hierbei kann auch die Hälfte in Form von
Einbringungen durch Sachgüter erfolgen. Zusätzlich muss die GmbH als eigene juristische Person
auch Faktoren wie Notarkosten, Eintragung im
Handelsregister und Bekanntmachung sowie die
Zulage der jeweiligen Geschäftsanteile von mindestens einem Euro von Ihnen beachtet werden.
Dabei ist die Firmenbezeichnung der GmbH im
Vorfeld bei der Industrie- und Handelskammer
anzumelden, um Dopplungen oder Verwechslun-
gen entgegenzuwirken. Sie haftet gegenüber
Gläubigern lediglich mit dem Geschäftsvermögen,
mit der Ausnahme bei Verstößen in Bezug auf die
Sorgfaltspflicht durch den Geschäftsführer laut §
347 HGB. Die GmbH besteht aus den Organen eines oder durch mehrere Geschäftsführer, der Gesellschafterversammlung, welche die Hauptauf-
gabe besitzt, den Jahresabschluss festzustellen und
über die Verwendung für positive Einnahmen zu
entscheiden. Ebenso bestehen die Organe weiter

aus dem Aufsichtsrat, welcher jedoch erst ab einer Anzahl von über 500 Angestellten gegründet werden muss und dabei die Aufgabe der Geschäftsüberwachung beinhaltet.

GEMEINNÜTZIGE GESELLSCHAFT MIT BESCHRÄNKTER HAFTUNG (GGMBH)

Auch bei dieser Gründung benötigen Sie das Stammkapital in Höhe von 25.000 Euro wie bei der GmbH, welches Sie auch auf mehrere Gesellschafter aufteilen können. Diese Sonderform der GmbH kombiniert die wirtschaftlichen Rahmenbedingungen mit ihren steuerlichen Vorteilen des Rechts im Bereich der Gemeinnützigkeit. Sie soll einen gemeinnützigen Zweck verfolgen und alle erwirtschafteten Eingänge des Unternehmens dürfen daher auch nur für diesen definierten Zweck ausgegeben werden. Die allgemeinen Regelungen gelten hier genauso wie bei der GmbH bezüglich des Handelsgesetzbuches, was auch bedeutet, dass auch hier eine Eintragung in das Handelsregister erfolgen muss. Die Organe sind hier ebenfalls die Gesellschafter, die Geschäftsführung als Vertretung für die Öffentlichkeit und der Aufsichtsrat mit der Aufgabe der Kontrolle des Unternehmens.

Im Vergleich zu gemeinnützigen Stiftungen und Vereinen besteht die gGmbH vorwiegend aus dem wirtschaftlichen Aspekt und ist daher zielorientiert an einer Gewinnerzielung im Gegensatz zu einer gemeinnützigen Stiftung, welche aber wie beschrieben nur für gemeinnützige Zwecke genutzt werden dürfen. Eine Gewinnausschüttung ist hier nur in großen Ausnahmefällen möglich.

Positive Aspekte, wie die Ausstellung von Spendenbescheinigungen oder die Nutzung von öffentlichen Ressourcen sei hier ebenso zu erwähnen. Allerdings sollten Sie sich auch hier wissen, dass straf- und zivilrechtliche Konsequenzen bei Verstößen gegen Ihre Rechtspflicht erfolgen.

EINGETRAGENER KAUFMANN (E. K.)

Hier ist die Eintragung im Handelsregister durch einen Notar, welche bei circa 170 Euro liegt, sowie die Gewerbeanmeldung und die Anmeldung beim Finanzamt vonnöten. Vergleichsweise zu anderen

Rechtsformen ist diese Form jedoch sehr einfach. Gewinne gehören hier uneingeschränkt Ihnen als Unternehmer. Sie benötigen kein Stammkapital zur Gründung. Als Alleinunternehmer können Sie hier Ihre Entscheidungen selbst treffen und sind nicht von anderen Gesellschaftern abhängig, jedoch umfasst die Haftung Sie als Unternehmer uneingeschränkt in voller Höhe Ihr Gesamtvermögen, inklusive des Privatvermögens. Als Beispiel traf es hier den berühmten Fall der Drogerie-Markt-Kette Schlecker im Insolvenzverfahren. In dieser Rechtsform fallen Steuern für Sie im Rahmen der Einkommensteuer, der Umsatzsteuer und auch der Gewerbesteuer an. Bei der Gewerbesteuer haben Sie jährlich einen Freibetrag von 24.500 Euro. Solange Sie unter diesem Freibetrag wirtschaften, entfällt für Sie hier die Gewerbesteuer.

UNTERNEHMENSGESELLSCHAFT (UG)

Die Unternehmensgesellschaft umfasst ein Startkapital von lediglich einem Euro. Auch die Haftung beschränkt sich lediglich auf die Einlagen der

Gesellschaft und Ihr Privatvermögen ist dadurch unantastbar. Die einfache Gründung dieser Rechtsform wird mithilfe eines Musterprotokolls erstellt. Dieses Musterprotokoll kostet zwischen 105 und 165 Euro und die dazugehörige individuelle Satzung wäre mit circa 550 Euro mit der Beurkundung auch einzurechnen. Die Gebühren für die Anmeldung im Handelsregister sind hier jedoch schon enthalten. Bezüglich der Steuern wird die UG als Kapitalgesellschaft wie bei der GmbH anhand der Gewinnausschüttung über die Körperschafts- und Gewerbesteuer verrechnet. Bei der Körperschaftssteuer handelt es sich um 15 % plus Solidarzuschlag von nochmals 5,5 %. Die 15,83 % werden dann vom Einkommen abgezogen. Wichtig ist es für Sie, auch zu wissen, dass Sie im Rechtsverkehr zu Ihrer Firmenbezeichnung das UG (haftungsbeschränkt) stets hinzufügen müssen.

EINGETRAGENE GENOSSEN-SCHAFT (EG)

Nun wird auf die eingetragene Genossenschaft (eG) eingegangen, welche eine Anzahl von mindestens drei Gründungsmitgliedern und eine eigene Satzung inkludiert.

Ein Mindestkapital ist hier nicht vorgeschrieben, jedoch erfolgt eine Prüfung über eine ausreichende Eigenkapitalausstattung. Die Haftung gegenüber Gläubigern fällt bei jedem Mitglied lediglich auf die Höhe der Genossenschaftsanteile der jeweiligen Genossen. Folgende Organe befinden sich in einer eG:

Der Vorstand, welcher die Geschäftsführung übernimmt und bei weniger als 20 Mitarbeitern als Einzelperson völlig ausreichend ist; der Aufsichtsrat, welcher den Vorstand überwacht, jedoch nicht dringend nötig ist, und die Generalversammlung, die den Jahresabschluss gemeinsam feststellt.

GESELLSCHAFT BÜRGERLICHEN RECHTS (GBR)

Des Weiteren wird auf die Rechtsform einer GbR eingegangen, die als unternehmerische Gesellschaft mehrere Personen umfasst. Diese gehört zu den Personengesellschaften.

Wenn sich eine zusätzliche Person oder gar mehrere Partner zusammenschließen und einem gemeinsamen Ziel nachgehen, nennt man dies auch eine BGB-Gesellschaft, jedoch muss diese nicht im Handelsregister registriert werden und benötigt lediglich eine unkomplizierte Anmeldung beim zuständigen Gewerbeamt.

Bei Kaufabschlüssen oder Leistungs- und Lieferverträgen mit Dritten ist es jedoch vonnöten, dass alle Gesellschafter dem Ganzen zustimmen. Aber dies kann im Vorfeld vertraglich detailliert genau festgehalten werden.

Daher wird ersichtlich, dass die vertragliche Vereinbarung einer GbR in den Voraussetzungen für eine Neugründung einfach gehalten ist und der Existenzgründungskosten-Faktor dabei gering gehalten werden kann.

KOMMANDITGESELLSCHAFT (KG)

Wenn Sie nach Gründungspartnern mit Kapital suchen und trotz alledem nicht auf das alleinige Entscheidungsrecht verzichten möchten, dann ist diese Gesellschaftsform Ihre richtige Wahl. Weitere Gesellschafter, welche hier als Kommanditisten betitelt werden, haben lediglich die Aufgabe der Kontrolle, zum Beispiel hier auf den

Jahresabschluss bezogen. Diese Rechtsform beinhaltet eine Eintragung im Handelsregister mit persönlicher Anwesenheit aller Gesellschafter beim Notar. Das Startkapital beträgt in diesem Falle keine Mindestkapitalvorschrift, dennoch haftet hier der Geschäftsführer, welcher als Komplementär bezeichnet wird, mit dem gesamten Geschäfts- und Privatvermögen, die Kommanditisten hingegen nur in Höhe ihrer Einlagen gegenüber Gläubigern.

Diese Rechtsform ist in den Regelungen gegenüber anderen Rechtsformen jedoch etwas komplizierter.

AKTIENGESELLSCHAFT (AG)

Die Aktiengesellschaft ist eine Rechtsform für Großunternehmen. Sie kann für eine, aber auch für mehrere Personen als Existenzgründung dienen, hier existieren keine Mindestanzahlen. Selbst eine Einmann-AG zu gründen, ist möglich. Wenn Sie ein Großunternehmen als Existenzgründung planen, dann können Sie mit dieser Rechtsform als einzige auch direkt auf die Börse zugreifen. Deshalb hat diese Form den Hauptvorteil, direkt eine

Eigenkapitalfinanzierung als Option zu nutzen. Sie zählt zu den Kapitalgesellschaften und die Haftung bezieht sich lediglich auf Ihr Gesellschaftsvermögen. Jedoch ist es wichtig für Sie, zu wissen, dass ein Start-up-Unternehmen mit dieser gewählten Rechtsform ein Startkapital von 50.000 Euro erfordert. Daher sind die Aktionäre den Leistungen der von Ihnen übernommenen Einlagen gegenüber verpflichtet. Auch die Satzung kann weitere Pflichten umfassen, jedoch ist zu beachten, dass Sie selbst nicht für die Verbindlichkeit der Gesellschaft in Haftung treten müssen.

Das hohe Ansehen einer Aktiengesellschaft durch das seriöse und professionelle Auftreten dieser Rechtsform verhilft, simpel Mitarbeiter, Kunden sowie Lieferanten durch die sogenannten Belegschaftsaktien als Anteilseigner zu gewinnen und diese auch langfristig an Ihr Unternehmen zu binden. Gründer werden hier auch Aktionäre genannt und können natürliche sowie juristische Personen sein. Das Risiko ist hierbei für Sie kalkulierbar, denn wie benannt haften Sie nicht mit Ihrem Privatvermögen, sondern mit dem Wert der von Ihnen gehaltenen Aktien. Der Vorstand einer Aktiengesellschaft haftet daher normalerweise im

Falle des Nachweises der Verletzung der Sorgfaltspflicht für wirtschaftliche und sonstige Schäden.

OFFENE HANDELSGESELLSCHAFT (OHG)

Die offene Handelsgesellschaft ist eine Personengesellschaft und auf den Betrieb eines Handelsge-
werbes unter gemeinschaftlicher Leitung ausgerichtet und damit sind die Gesellschafter auch den
Gläubigern unmittelbar und auch uneingeschränkt mit ihrem vollen Vermögen für Gesell-
schaftsschulden verantwortlich. Dies bedeutet,
dass hier nicht nur das Gesellschaftsvermögen,
sondern auch Ihr Privatvermögen in Haftung tritt.
Hier könnte es auch sein, dass auf eine Ausfüh-
rung als Einzelkaufmann verwiesen wird, da es als
vollkaufmännisches Gewerbe gilt. Bei dieser Gesellschaftsform ist es wichtig, dass sich alle Gesellschafter voll und ganz vertrauen, denn wenn
Streitigkeiten zwischen diversen Gesellschaftern
auftreten sollten, kann der Bestand der Gesellschaft gefährdet werden. Automatisch leiten hier
alle Gesellschafter gemeinsam und gleichermaßen
den Betrieb, mit der Ausnahme, falls es im

Gesellschaftsvertrag anders verzeichnet ist und eine oder mehrere bestimmte Personen für die Geschäftsleitung zuständig sind. Mindestens zwei Gesellschafter schließen sich hier bei einer offenen Handelsgesellschaft zusammen und führen den Betrieb dann unter einer gemeinschaftlichen Firma ohne Haftungsbeschränkung gegenüber möglichen Gläubigern.

STILLE GESELLSCHAFT (STGES)

Die letzte Rechtsform hier in der Auflistung als stille Gesellschaft bedeutet als Unternehmensform, dass Sie als Gesellschafter nur im Innenverhältnis beteiligt sind. Hier wird die Gründung, wie bei allen Personengesellschaften auch, mit einem Vertragsabschluss bei der Gründung festgehalten. Hierbei wird im Wesentlichen im Vertrag festgeschrieben, dass Sie als stiller Gesellschafter am Handelsgewerbe mit finanziellen Mitteln beteiligen. Dies heißt, Sie zahlen eine bestimmte Einlage in das Unternehmen eines Inhabers, haben jedoch in der Regel kein Mitspracherecht, können keine Entscheidungen treffen und haben in der Gesellschafterversammlung auch kein Mitspracherecht.

Daher ist diese Rechtsform für eine eigenständige Gründung eines Unternehmens zwar auszuschließen, jedoch als Teilhaber für eine Neugründung – abgesehen von der finanziellen Aufwendung – für Sie eventuell auch attraktiv. Hier sind Sie berechtigt, beispielsweise den Jahresabschluss des Unternehmens zu prüfen. In der Haftung können Sie jedoch in diesem Falle nicht belangt werden, da Sie als Innengesellschaft hier nicht in der Öffentlichkeit in Erscheinung treten. Sie treten in dieser Form zwar als Kapitalgeber des Unternehmens in Erscheinung, aber Ihre Beteiligung tritt nicht in der Eintragung beim Handelsregister auf. Sieben Prozent der jährlichen Rendite machen Sie hier circa an Gewinn, jedoch sei hier zu bedenken, dass im Insolvenzfall Ihr Gewinn auch verloren gehen würde.

All diese aufgelisteten Rechtsformen können Ihnen hilfreich in ihrer Darstellung sein, daher ist es wichtig, zusammengefasst zu erwähnen, dass Sie unter den drei Oberbegriffen der Unternehmen zu Beginn auswählen sollten, ob Sie ein Personenunternehmen, ein Kapitalunternehmen oder eine Genossenschaft gründen möchten. Zur Genossenschaft zählt die Wahl der eG, zum

Kapitalunternehmen GmbH und die Aktiengesellschaft und unter den Bereich des Personenunter-
nehmens zählen der e. K., die GbR, die Stille Genossenschaft, die Offene Handelsgesellschaft und
die Kommanditgesellschaft.

Wenn Sie die für Sie passende Rechtsform gefunden und gewählt haben und all die notwendigen Schritte dafür gegangen sind, haben Sie alle
Punkte der Existenzgründung durch. Dann heißt
es für Sie, sich an die Umsetzung zu setzen. Hier
sollten auch die Zuschüsse noch im Detaillierten
betrachtet werden, welche Sie hier für sich nutzen
könnten.

Gründer-Zuschüsse

Allgemein bietet die EU verschiedene Förderwege für Existenzgründer an, vor allem Unternehmensgründungen, welche online präsent sind, werden von der EU durch spezielle Förderprogramme unterstützt. Genauere Informationen finden Sie hierzu auf der Internetseite europa.eu.

Bei einer Unternehmensgründung über die IHK finden Sie ebenso einige Förderprogramme, wie beispielsweise Seminare zu bestimmten Bereichen einer Firmengründung oder auch finanzielle

Unterstützungsmöglichkeiten für sich. Genauere Informationen finden Sie im Internet unter den Angeboten der IHK.

Die Förderung einer Existenzgründung aus der Arbeitslosigkeit heraus bringt bei dem Arbeitsamt finanzielle und beraterische Möglichkeiten. Hierbei hängt die Förderungshöhe auch davon ab, ob Sie vorher Arbeitslosengeld I oder Arbeitslosengeld II erhalten haben. Dies umfasst zwei Fördermöglichkeiten, wie das Beantragen des Gründerzuschusses und das Bewilligen des Einstiegsgeldes. Hier können Sie über einen Zeitraum von 9 Monaten mit einem Zuschuss von 19.000 Euro rechnen und, falls Sie Kinder haben und verheiratet sind, sogar mit 24.000 Euro. Doch wichtig zu beachten ist für Sie hierbei, dass der Antrag nur vor der aufgenommenen Tätigkeit der Existenzgründung von Ihnen gestellt werden kann, nicht im Nachhinein.

Beratungsangebote gibt es auch zusätzlich bei speziellen Gründerzentren, wie beispielsweise die Gründungswerkstatt Deutschland. Dort können Sie sich persönlich beraten lassen oder auch viele spezielle Seminare diesbezüglich besuchen. Dabei ist zu erwähnen, dass nur ein Teil davon kostenfrei ist, denn manchmal fällt auch hier eine Gebühr für Sie an. Die möglichen Gebühren, welche anfallen könnten, können Sie jedoch nach der Gründung Ihres Unternehmens auch wieder von der Steuer absetzen.

Zusätzlich werden auch Messen zum Thema Existenzgründung angeboten. Hierbei können Sie von den laufend neuen Informationen, Regelungen und Möglichkeiten zusätzlich zur persönlichen Beratung vor Ort profitieren. Auch das damit verbundene Networken ist dabei für Sie von Vorteil, da Sie so andere Personen kennenlernen, die vielleicht in ähnlichen Situationen waren und nun ihre erfolgreichen Erfahrungen mit Ihnen teilen können.

Für Digitalisierungsprojekte im Unternehmen gibt es für Sie bei Go Digital Unterstützung. Aber auch KFW-Förderkredite gibt es für Vorhaben zur Digitalisierung und Innovation im Unternehmen. Haben Sie alle Bereiche bedacht und in Angriff genommen, dann kommen Sie an den Punkt, wo Sie sich über die Zukunft Gedanken machen können und das Thema Werbung und Kundenakquise nach der Existenzgründung angehen können.

Hierzu gibt es eine Vielzahl von Möglichkeiten, welche für Sie sehr hilfreich sein können.

Werbung und Kundenakquise

Zu Beginn einer Existenzgründung kann der Weg sehr holprig sein und Sie fragen sich: Wo bleiben die Kunden? Sollte ich Werbung schalten? Viele beantworten diese Frage zunächst einmal mit einem klaren Nein, da dies zu teuer erscheint, aber eine Vielzahl von Optionen mit einem kleinen Budget kann auch hier sehr hilfreich erscheinen und Ihnen Nutzen bringen. Kunden gewinnt man auf jeden Fall durch gute Angebote, welche die Konkurrenz schlagen. Doch bei einer Existenzgründung sollte man beachten, dass die Akquise von Kunden nur dauerhaft positiv möglich ist, wenn man auch viel Geld dafür zu zahlen bereit ist. Dies heißt für Sie, die Kundenakquise sollte auch in Ihrem Budget in der Kostenauflistung dringend eingeplant werden, wie im besagten Kapitel bereits benannt. Viele Existenzgründer machen hier erschreckenderweise genau diesen Fehler und planen hierfür kaum ein Budget ein. Hier stellt sich die Frage, woher sollen Ihre Kunden denn von Ihrem Angebot erfahren? Vergessen Sie auch nicht, dass Kundengespräche Zeit in Anspruch nehmen. Hier passt der Spruch ‚Zeit ist Geld' gut. Doch wenn Sie erst merken, wie viel Umsatz Ihnen eine erfolgreiche Werbung einbringen kann oder welches Vertrauen Ihnen Ihre Kunden dadurch schenken, merken Sie schnell, welche Notwendigkeit dieser Punkt für Sie umfasst. So kommen Sie Ihrem Erfolg einen Schritt näher. Hier spielt nicht nur der geringere Preis eine Rolle, sondern auch die richtige Preisgestaltung ist hier ausschlaggebend.

Dieser Abschnitt soll Ihnen einige Möglichkeiten der Werbemaßnahmen aufzeigen.

GOOGLE MY BUSINESS

Sobald Ihr Unternehmen bei der Suchmaschine Google zu finden ist, verhilft Ihnen dies massiv zur Kundengewinnung. Doch wie machen Sie sich dort besser sichtbar? Dafür gibt es natürlich einige teure Angebote, die Ihnen einen Platz weit oben in der Liste verschaffen, doch wenn Sie das notwendige Budget hierfür nicht besitzen, können Sie hier auch auf die kostenlose Option bei Google my Business zurückgreifen. Dieser Online-Dienst schloss 2014 den Map-Eintrag, Google+ und die Websuche zusammen und überarbeitete dabei auch das Design. Seiteninhaber haben somit hier auch die Möglichkeit, vom Zugriff auf Statistiken zu profitieren, so können auch Sie sich hier kostenlos auf dieser Website eintragen lassen.

VISITENKARTEN

Soll ich zu Beginn gleich Visitenkarten drucken lassen oder entscheide ich mich für die teurere Variante im Sinne von Broschüren oder Flyern? Dies ist eine Budgetfrage, welche Sie selbst beantworten müssen. Die kostengünstigere Variante hierbei wären für Sie Visitenkarten, welche sich auf jeden Fall lohnen werden. Sie können Sie leicht im Portemonnaie bei sich tragen und stets zur Hand haben. Diese können Sie in guter Qualität bei jeder Gelegenheit ohne großen Aufwand weitergeben. Auf den Visitenkarten sollten die Leistung, Ihr Unternehmen und auch die Kontaktdaten versehen sein. Ebenso können Sie hier bei zufriedenen Kunden mindestens eine Visitkarte zusätzlich hinterlassen, damit dieser sie an mögliche weitere Interessenten mit dem Bedarf weitergeben kann.

WEBSEITE

Ein Unternehmen in der heutigen Zeit ohne eine Webseite zu gründen und erfolgreich zu halten, ist schon kaum denkbar. Die Präsenz im Internet dient mittlerweile schon fast als Grundvoraussetzung für Ihren Erfolg. Dabei muss diese Form von Webpräsenz nicht einmal groß aufwendig sein, dies bezieht sich natürlich darauf, in welcher Branche Sie Ihr Business gründen und wozu es dient. Oftmals reichen auch hierfür nur Ihre Unternehmensvorstellung mit Ihren angebotenen

Leistungen, den Öffnungszeiten oder Sprechzeiten und die Möglichkeit der Kontaktaufnahme für den Kunden. Da es mittlerweile online keine Gelben Seiten mehr gibt, ist dies von großer Notwendigkeit, damit Ihr Unternehmen bei Interesse im Internet auch gefunden und kontaktiert werden kann.

Wenn Sie sich aus Kostengründen dafür entscheiden, Ihre Webseite selbst zu gestalten, haben Sie hier drei Möglichkeiten dazu. Zum Ersten benötigen Sie lediglich Webspace, sofern Sie HTML- und CSS-Kenntnisse besitzen, um Ihre Webseite selbst programmieren zu können. Zum Zweiten gibt es die Option für Anfänger, auf einen Webbaukasten zurückzugreifen, hier gibt es viele Anbieter wie beispielsweise Jimdo, Wix, Strato und viele mehr. Die dritte Option ist ein CMS wie WordPress, welches größtenteils für Blogs genutzt wird, aber auch für die Erstellung von statischen Seiten genutzt werden kann.

Das Wichtige an einer Webseite ist, dass das Design Response gestaltet sein muss, denn die meisten Menschen nutzen das Smartphone zur Suche oder Recherche im Internet oder auch das Tablet beispielsweise. Solange die Inhalte Ihrer

Webseite im responsiven Design gestaltet sind, passen sie sich auch den mobilen Geräten an und sind damit ausgesprochen nutzerfreundlich.

XING

Dieses Businessnetzwerk ist nicht allzu bekannt und umfasst auch eine kostenlose Version. Allerdings lohnt sich für das Kontaktnetzwerken hier die kostenpflichtige Registrierung, da die Gratisversion weit weniger für Sie bietet.

Geschäftskontakte in mehr als 200 Ländern stecken hinter dem Netzwerk namens Xing und ermöglichen Ihnen auch einen positiven Austausch mit unterschiedlichen Gruppen in diversen Geschäftsbranchen und können auch Ihrer Positionierung zum Experten verhelfen.

PRESSEMITTEILUNGEN

Pressemitteilungen werden nicht nur an Zeitungsverlage vermittelt, sondern Sie können auch hier an Newsseiten und andere gesendet werden. Auch im Internet gibt es hierfür eine Vielzahl an Optionen für Sie, wie Sie an Journalisten gelangen, wie

Sie gleichzeitig an mehrere Webdienste Ihre Pressemitteilungen verschicken können und wie Ihre Pressemitteilung gut überzeugend und professionell wirkt. Jedoch sollten Sie darauf achten, diese kurz und bündig zu halten, getreu dem Motto „Weniger ist mehr". Hier sollte die Aussage gezielt auf den Punkt gebracht werden. Eine Anleitung zu einer erfolgreichen Pressemitteilung finden Sie auch auf diversen Internetseiten. Zusammengefasst sollte in einer Pressemitteilung ein Text über ein Ereignis, ein Produkt, eine Veranstaltung, gezielte Aussagen, Widerrufe und sonstige Informationen festgeschrieben werden. Ob Sie nun eine Veranstaltung wie beispielsweise eine Eröffnungsfeier, einen Tag der offenen Tür oder lediglich eine Produktvorstellung mitteilen möchten, sei Ihnen hier überlassen. In der Regel verfassen diese Pressetexte Organisationen selbst oder Personen aus dem öffentlichen Dienst, ebenso Vereine oder diverse Behörden. Wann Sie diese Pressemitteilung am besten verschicken, beinhaltet natürlich die Zeit vor Redaktionsschluss, jedoch sind in der Regel von der Uhrzeit her erfahrungsgemäß die besten Zeiten zwischen morgens um 9 Uhr und mittags um zwölf Uhr, damit Ihre

Mitteilung beispielsweise vor der ersten Redaktionskonferenz wahrgenommen wird und in die Planungsrunde einfließen kann.

SOCIAL MEDIA

Da heutzutage vieles über Social Media erfolgt und die große Bandbreite an Publikum umfasst, ist die Präsenz in diesem Bereich notwendig und verhilft der Kundenakquise enorm. Social-Media-Marketing ist kostenlos für Sie, außer, Sie geben hier Werbeanzeigen direkt auf. Der Zeitaufwand in diesem Bereich ist jedoch sehr hoch, denn nur halbherzige Präsenz lohnt sich auf diesem Wege nicht. Dazu sollten Sie sich zuerst Gedanken zu Ihrer Zielgruppe machen, um genau diese hier ansprechen zu können. Zu Beginn sollten Sie sich hier auf einen oder wenige Bereiche beschränken, um dann zukunftsorientiert zu erweitern. Da es hier viele Möglichkeiten für Sie gibt, dient eine Auflistung der Hilfe:

Facebook bietet hier die größte Reichweite und eine Vielzahl an Möglichkeiten für Sie, um Beiträge zu veröffentlichen. Bilder und Videos lassen sich auf diesen Seiten am besten veröffentlichen, denn diese sind beliebt und gehen schnell viral.

Die Facebook-Tochter Instagram ist ebenso eine Plattform, welche von Fotos lebt. Diese App dient größtenteils zum Teilen von Bildern und Videos und gehört seit 2013 zu den weltweit beliebtesten Plattformen. Über eine Milliarde aktive Nutzer gibt es hier weltweit. Darunter 27,8 Millionen User in Deutschland, welche aktiv mitwirken. Nebenbei sei zu erwähnen, dass über 50 % der Konten dort unter 35-Jährige sind und die Engagement-Rate von den sogenannten Micro- und Nano-Influencern im Durchschnitt bei lediglich 1,29 % liegt. 2018 war das Durchschnittsalter der Instagram-Community bei einem Alter von 29,22 Jahren. Die Plattform ist für Unternehmen wie Ihres, um gutes und außergewöhnliches Bildmaterial bieten zu können.

Pinterest ist eine große Pinnwand bestehend aus vielen einzelnen Pinnwänden. Die Beliebtheit dieses Netzwerkes ist stetig am Ansteigen innerhalb von Deutschland und dient den Usern als Inspirations- und Ideenquelle. Wenn Sie Bilder über Ihr Unternehmen sprechen lassen können, sind

Sie hier genau richtig. Auch dieses Netzwerk ist für Sie kostenlos.

Twitter, als Kurznachrichtendienst, bietet aktuelle Neuigkeiten für Suchende und den eigenen Follower.

Google+ wollte zwar Facebook vergeblich ablösen, doch da dort weniger Reichweite und Präsenz zugegen ist, verlief sich das Ganze im Sande. Doch Interessenten, welche nach bestimmten Informationen suchen, ohne dabei von Beiträgen überflutet werden zu wollen, suchen genau hier. Google+ hat ähnlich wie bei Xing auch seine Stärke im Bereich B2B.

SOZIALES ENGAGEMENT

Sie stehen am Anfang Ihres Unternehmens und haben noch keine große Bandbreite an Kunden? Dann haben Sie ein wenig Zeit, um sich sozial engagieren zu können. Dieses Engagement wird sich für Sie auszahlen, denn wenn beispielsweise ein Bäcker in einer Mittelschule eine Projektwoche zum Thema Hauswirtschaft anbietet und hier die Schüler das Backen lehrt oder ein Tierarzt seine Leistung dem örtlichen Tierschutzverein kostenlos anbietet, bleiben diese im Gedächtnis oder kommen dadurch noch zusätzlich in die Presse, welche von der Aktion berichten könnte. Dies bedeutet für Sie als Unternehmer, dass auch langfristig dadurch der eine oder andere Auftrag durch diese Aktion zustande kommen könnte.

GEWINNSPIELE

Diese eignen sich gut, um seine Leistung bekannt zu machen, denn wer beispielsweise im sozialen Netzwerken bereits einen Gemeinschaftsstamm um sich herum hat, kann dort ein passendes Gewinnspiel starten und durch dieses die Reichweite erweitern. Doch hier ist Vorsicht geboten, denn je nach Plattform gibt es hierfür bestimmte Regeln oder Einschränkungen, auf die Sie achten müssen.

Die Kooperation mit der regionalen Tageszeitung wäre hier ebenfalls eine Option für Sie. Wenn Ihr Produkt oder Ihre Dienstleistung ortsunabhängig ist, können Sie hier das Ganze sogar auf Fachzeitschriften erweitern.

AUTOAUFKLEBER

Zu Beginn sei hier gesagt, das Auto sollte keine alte Rostlaube sein und bewegt werden, welches mit dem Schriftzug Ihres Unternehmenslogos oder der Internetadresse versehen ist. Hier sei zu erwähnen, dass die Herstellung von Autoaufklebern nicht sehr kostspielig ist und eine Vielzahl von Online-Anbietern Ihnen alle Wünsche dazu erfüllen kann. Während der Autofahrt wird dabei eine Vielzahl von potenziellen Kunden erreicht. Hierbei spielt aber auch die Farbe eine Rolle, sie sollte sich vom Autolack abheben und hervorstechen, oder wenn der Aufkleber auf die Fensterscheibe geklebt werden soll, ist bevorzugterweise weiß oder eine helle Farbe von Vorteil, da der Autoinnenraum dunkel wirkt und auch somit ein Kontrast erbracht werden kann.

WERBEGESCHENKE

Oftmals denken Existenzgründer weniger an die Wahl der Werbegeschenke, da meist hochpreisige Werbemaßnahmen von Großunternehmern daran erinnern, jedoch bietet das Internet hier eine riesige Auswahl an Werbeprodukten von diversen Anbietern, sodass Sie merken werden, dass auch diese Option meist im Budget einer Existenzgründung liegt. Hierbei ist der Kugelschreiber zum Beispiel nach wie vor noch der Spitzenreiter der Werbeartikel, da es ein Gebrauchsgegenstand ist, welcher ständig benötigt wird und am häufigsten versehentlich auch einmal liegen gelassen wird. Wenn dieser Ihr Firmenlogo zeigt, ist diese Werbung ohne großen Aufwand, finanziell oder zeitlich, für Sie simple zu betreiben.

Versicherungen für Existenzgründer

Zum Thema Versicherungen sollten Sie sich ebenfalls zu Ihrer Sicherheit Gedanken machen – in Bezug auf die Existenzgründung. Oftmals können kleine Unachtsamkeiten, Fehler in der Vorplanung oder Durchführung Ihrer Gründung, schon zum Scheitern Ihrer Neugründung führen. Hier gibt es eine Vielzahl von Versicherungsanbietern, doch welche Versicherungen sind für Sie überhaupt notwendig und welche können Sie zunächst einmal aus finanziellen Gründen weglassen, ohne ein extremes Risiko dabei einzugehen? Die verschiedenen Versicherungsarten, welche bei einer Neugründung eines Unternehmens meist angeboten werden, werden im Folgenden erläutert und sollen Ihnen beim Aussortieren der für Sie sinnvollen Versicherungsleistungen oder auch zur genaueren Betrachtung als Information verhelfen, um dies auch auf Ihre Branche transferieren zu können.

Zusätzlich ist zu bedenken, dass für jeden Existenzgründer nicht nur unternehmerische Risiken auftreten können, sondern auch private Risiken, welche es abzusichern gilt.

BETRIEBLICHE
RISIKOABSICHERUNG

Betriebshaftpflichtversicherung
Die Betriebshaftpflichtversicherung gilt für jedes Unternehmen als unverzichtbar. Die Schadensersatzforderungen durch Dritte werden damit durch die Haftpflichtversicherung geschützt. Diese Versicherung greift stets dort ein, wo Dienstleistungen oder Produkte beispielsweise zu einem Personen- oder Sachschaden von Dritten führen. Die Betriebshaftpflichtversicherung umfasst das

gesamte Unternehmen, dies bedeutet, nicht nur Sie als Versicherungsnehmer, sondern auch alle Ihre Mitarbeiter. Wenn einer Ihrer Mitarbeiter beispielsweise einen Schaden bei einem Ihrer Kunden verursacht, haftet hier nicht etwa dessen private Haftpflichtversicherung, sondern genau hier setzt die Haftung der Betriebshaftpflichtversicherung dann ein.

Berufshaftpflichtversicherung

Diese Form der Versicherung ist für alle Neugründer interessant, welche im Bereich der Beratung oder Prüfung fungieren. Wenn Klienten falsch beraten werden, könnten diese im Falle einer Schadensersatzklage im schlimmsten Falle eine existenzbedrohende Folge nach sich ziehen. In einigen Bereichen ist diese Versicherung sogar Pflicht, wie beispielsweise bei Ärzten, Rechtsanwälten oder gar Steuerberatern.

Diese Versicherung deckt Vermögensschäden als eine sogenannte Vermögensschadenhaftpflichtversicherung für Unternehmen ab. Schäden wie diese können auftreten, wenn beispielsweise ein Behandlungsfehler, fehlerhafte Auskünfte oder Rechenfehler entstanden sind. Dabei wird in unechte und echte Vermögensschäden unterteilt. Echte Vermögensschäden sind von finanzieller Natur, welche unabhängig von einer Person oder einem Sachschaden entstanden sind. Unter die unechten Schäden fallen die finanziellen Schäden, welche durch eine Person oder einen Sachschaden verursacht wurden.

Sach-/Ertragsausfallversicherung

Im technischen und kaufmännischen Betriebsbereich sichert die Sach- und Ertragsausfallversicherung Ihr Unternehmen ab und auch den Warenbestand gegen mögliche Gefahrenquellen. Gefahrenquellen umfassen die Bereiche: Einbruchsdiebstahl, Feuer, Leitungswasser, Glasbruch, Sturm, Hagel und Elementarschäden. Dabei springt diese Versicherung für den daraus resultierenden Schaden mit laufenden Kosten und auch den Gewinnverlust für Sie ein. Hier sollten Sie als Unternehmer jedoch auf die Deckungssumme achten, da sie nicht zu niedrig angesetzt werden sollte, um möglichst in der Höhe der Warenvorräte und Einrichtungsutensilien greifen zu können. So können Sie auch im Falle eines solchen Schadens wieder alles erneut zum Neuwert beschaffen. Natürlich könnten Sie auch diese Versicherung wie die meisten noch erweitern, beispielsweise, indem Sie eine Elektronikversicherung oder andere abschließen.

Versicherungen für betrieblich genutzte Fahrzeuge

Solange Ihr Betrieb ein Kraftfahrzeug benötigt, ist eine Kfz-Haftpflichtversicherung unabdingbar. Sie sichert Sie gegen die Folgekosten von Schäden an Sachgegenständen, Personen oder Vermögen ab. Auch hier können Sie weitere Versicherungen Bezug nehmend auf das Alter, das Einsatzgebiet und so weiter ausweiten.

Rechtsschutzversicherung

Alle Sachverhalte, welche in dieser Versicherung inkludiert sind, werden bei der Rechtsschutzversicherung vor Gericht übernommen. Dies beinhaltet beispielsweise Gerichts- und Anwaltskosten sowie anfallende Gutachterkosten. Hat Ihr geplantes Unternehmen viel mit Kunden oder anderen Unternehmen zu tun? Dann ergibt eine

Rechtsschutzversicherung für Sie durchaus Sinn. Ein möglicher Konflikt mit einem Geschäftspartner, welcher vor Gericht landet, beinhaltet hohe Streitkostensummen und mit dem Abschluss einer Rechtsschutzversicherung ist Ihre Firma so besser abgesichert.

Private Risikoabsicherung
Die private Risikoabsicherung für einen Unternehmer beinhaltet nun die Auseinandersetzung mit der privaten Absicherung im Gegensatz zu Arbeitnehmern, welche es hier bequem haben und sich nicht allzu viele Gedanken machen müssen. Darunter zählen die drei wichtigsten Punkte der Kranken-, Alters- und Berufsunfähigkeitsversicherung. Zusätzlich müssen Sie sich als Unternehmer auch zum Thema Ausfall Gedanken machen, wie „was passiert, wenn ich selbst einmal ausfalle?", denn diese Frage ist sehr berechtigt und im Vorfeld gut durchzuplanen. Sollten Sie einmal einen Unfall oder krankheitsbedingt einen längeren Verdienstausfall haben, sollten Sie sich gegebenenfalls hierfür gut absichern.

Aber welche Versicherungen hier für Sie und Ihre Branche notwendig sind, hängt von einer Vielzahl von Faktoren ab. Da bei einer Neugründung anfangs vieles noch nicht exakt vorherzusagen ist, sollten Sie jedoch darauf achten, dass Ihre Versicherungen keine allzu lange Laufzeit umfassen. Zusätzlich sollten Sie auf die Zahlungsfristen der Beiträge achten, da sich in diesen Monaten Ihr Budget durch die Zahlungen schmälert. Das Herausfinden der richtigen Abwägung ist für Sie hier nicht leicht, denn weder eine Überversicherung noch eine Unterversicherung ist von Vorteil für Sie und kann Sie einiges an Geld kosten.

Arbeitslosenversicherung

Sollte Ihr Unternehmen nach der Existenzgründung scheitern, könnte Ihre Existenz wahrlich bedroht sein und da hier das Risiko als Neugründer enorm hoch ist, ist eine Arbeitslosenversicherung von Vorteil für Sie. Die Arbeitslosenversicherung kann als freiwillige oder als private Arbeitslosenversicherung gewählt werden. Da die meisten Versicherungen, wie Sie bisher sehen konnten, die Möglichkeit der Ausweitung besitzen, könnten Sie auch hier noch mit der Absicherung gegen die Ursache einer möglichen Erwerbslosigkeit auffüllen.

Unfallversicherung

Die meisten Menschen setzen sich ungern mit der Situation einer möglichen gesundheitlichen Beeinträchtigung auseinander und gehen größtenteils davon aus, dass die Gesundheit eine normale Gegebenheit ist. Leider kann allein ein Unfall bereits dazu führen, dass Sie Ihre Tätigkeit nicht mehr ausüben können und Ihnen dadurch auch das damit verbundene Einkommen ausbleibt. Die Unfallversicherung soll in einem solchen Fall eingreifen und Ihren Lebensstandard aufrechterhalten. Grundsätzlich sei hier zu erwähnen, dass Unternehmen, welche Mitarbeiter beschäftigen, Mitglieder der gesetzlichen Unfallversicherung sind. Der Träger ist daher die zuständige Berufsgenossenschaft, jedoch können Sie jederzeit auch eine private Unfallversicherung abschließen, als Ergänzung kann sie für manche auch sinnvoll erscheinen. Die gesetzliche Unfallversicherung umfasst ausschließlich berufliche Unfälle oder

Unfälle, welche auf dem Arbeitsweg verursacht wurden.

Berufsunfähigkeitsversicherung (BU)

Wenn Sie als Unternehmer aus gesundheitlichen Gründen nicht oder nur noch teilweise arbeiten können sollten, würden Sie unter Umständen eine gesetzliche Rente wegen einer Erwerbsminderung erhalten. Diese können Sie nur unter den Voraussetzungen der mindestens 36-monatigen Einzahlung Ihres Pflichtbeitrages in die Rentenversicherung erlangen und sie fällt in der Regel auch niedrig aus. Dabei wird jedoch abgewägt, ob Sie tatsächlich keiner Erwerbstätigkeit mehr nachgehen können. Daher ist die Berufsunfähigkeitsversicherung eine wichtige Zusatzversicherung für Arbeitnehmer und Neugründer wie Sie. Dabei ist der Schweregrad irrelevant, sobald eine ärztliche Bescheinigung einen gewissen Zeitraum einen Dienstausfall aufweist, tritt die Kostenübernahme durch die Berufsunfähigkeitsversicherung in Kraft. Vor dem Abschluss einer solchen Versicherung, wird meist der gesundheitliche Ist-Zustand der jeweiligen Person überprüft, damit dieser gründlich in die Versicherungskonditionen einfließen und festgeschrieben werden kann. Also sollten Sie sich für eine solche Versicherung interessieren, ist es wichtig für Sie sie noch abzuschließen, solange Sie gesund sind.

Altersvorsorge

Zukunftsorientiert gedacht, können Sie einen gewissen Lebensstandard lediglich halten, wenn Sie sich vor der Beendigung der Berufstätigkeit bereits darum gekümmert haben. Eine frühzeitige Vorsorge kann zu der gesetzlichen Rentenversicherung zusätzlich einen Teil beitragen. Eine private Rentenvorsorge kann beispielsweise auch weitere Sonderleistungen umfassen, wie die Absicherung der Familie mit einer Hinterbliebenenrente. Auch die bekannte Riester- oder die Rürup-Rente kann für selbstständige Unternehmer von großem Interesse sein.

Pflegeversicherung

Die Pflegeversicherung ist in Deutschland als Pflicht erfasst und die gesetzliche Pflegeversicherung kann Ihnen im Alter eine Grundversorgung nach schwereren Erkrankungen bieten oder auch im Falle einer Pflegebedürftigkeit aus der Folge eines Unfalles heraus, wonach die Kosten zur eigenen Übernahme beispielsweise zu hoch für Sie wären. Als Mitglied einer privaten Krankenversicherung müssen Sie zusätzlich auch eine private Pflegeversicherung abschließen. Sollten Sie gesetzlich krankenversichert sein, sind Sie automatisch auch gesetzlich pflegeversichert.

Krankenversicherung

In Deutschland sind Sie verpflichtet, sich einer Krankenversicherung anzuschließen. Im Falle einer Erkrankung oder eines Unfalls sollen damit der Versicherungsnehmer sowie auch seine Familienmitglieder abgesichert sein, indem sie ausreichend Hilfe erhalten. Unter die Hilfemaßnahmen zählen die Fachärzte, Allgemeinmediziner, Krankenhäuser oder auch Medikamente, Heil- und Hilfsmittel, welche in Anspruch genommen werden können. Bei der Krankenversicherung gibt es auch zwei Arten: die gesetzliche und die private Krankenversicherung. Dabei müssen Sie sich als Existenzgründer für eine Variante entscheiden und diese Entscheidung gründlich für sich selbst abwägen, denn beide haben ihre eigenen Vor- und Nachteile. Auch bei der Entscheidung für eine private Krankenversicherung gibt es verschiedene Möglichkeiten und deshalb sollten Sie auch hier das Preis-Leistungs-Verhältnis vergleichen, da dort die Preisunterschiede oftmals massiv hoch sind.

Zusammengefasst sei zu erwähnen, dass die Versicherungsbeiträge oftmals unterschätzt werden und für Sie als Existenzgründer unbedingt in Ihrem Finanzplan berücksichtigt werden sollten. Neben der Fragestellung, welche Versicherung für Sie wirklich notwendig ist und welche nicht, sollten Sie diese regelmäßig mit Ihren Kosten und Leistungen überprüfen. Diese Überprüfung dient Ihnen selbst als Sicherheit, damit Ihr weiterer Geschäftsverlauf optimal abgesichert ist und Sie auch nicht zu viel dafür aufwenden. Dabei sei nicht zu unterschätzen, dass auch jährlich hunderte bis tausende Euro eingespart werden können. Diese Versicherungszusammenfassung hätte mit einer Vielzahl weiterer Versicherungen, wie beispielsweise der Ablehnungsversicherung, der Inhaltsversicherung oder der Cyberversicherung, ergänzt werden können, doch die wichtigsten Punkte wurden hier erfasst und zusätzliche Eigenrecherche Ihrerseits kann natürlich weitergeführt werden.

Geschäftskonto

Rein gesetzlich ist lediglich eine Kapitalgesellschaft dazu verpflichtet, ein Geschäftskonto zu führen, jedoch ist es auch für Personengesellschaften und Einzelunternehmer empfehlenswert, eines zu führen. Denken Sie einmal an die Buchhaltung, welche dadurch um vieles vereinfachter in der Umsetzung ist als die Vermischung mit Ihrem privaten Konto. Auch für die Banken mit ihren Geschäftsbedingungen ist dies konform, da diese meist zusätzliche Geschäftskontos zu den Privatkonten anbieten. Dabei muss die Kontoführung keine hohen Kosten verursachen, selbst kostenlose Geschäftskonten werden beispielsweise bei manchen Banken angeboten. Dabei haben Sie zusätzlich auch die Wahl, ob Sie ein Onlinekonto oder ein Konto bei einer Filialbank erwünschen. Achten Sie dennoch bei den diversen Anbietern auf die Grundgebühren sowie auch die einzelnen Buchungskosten. Wenn Sie sich zum Beispiel oft im Ausland befinden, benötigen Sie dabei auch unbedingt eine kostengünstige Kreditkarte zusätzlich. Ebenso können Sie bei Onlinekonten nicht immer Geld einzahlen, auch dies sollten Sie in Ihrer Entscheidung berücksichtigen. Haben Sie einen Schufa-Eintrag, so kann dies erschwerend für eine Eröffnung Ihres Geschäftskontos ausfallen, jedoch bedeutet dies nicht, dass eine Kontoeröffnung unmöglich ist.

Fazit

Eine Existenzgründung umfasst ein genaues Betrachten vieler Aspekte und diese sollten zeitlich gut eingeplant werden. Unterschiedliche Planungsperspektiven und ein detaillierter Businessplan erleichtern Sichtweisen, deren dienliche Aspekte eine Existenzgründung entlasten und zusätzlich begünstigen. Hierbei dienen vielfältige gesetzliche Rechtsnormen der Unterstützung von Existenzgründern und zeigen zugleich individuelle Chancen und Möglichkeiten für Sie auf. Dieses Buch kann als Leitfaden von Ihnen verwendet werden, so können Sie die einzelnen Punkte nacheinander genau strukturiert betrachten und planen, denn wenn Sie einen Punkt nach dem anderen für sich abgehakt haben, wissen Sie am Ende, was auf Sie zukommt oder was auf Sie zukommen könnte. Das Wichtigste bei einer Existenzgründung ist, dass Sie zunächst einmal all Ihren Mut zusammenfassen und ein gewisses Risiko auf sich nehmen müssen, um Ihren Träumen ein Stück näherkommen zu können.

Der Spruch von P. Syros „Niemand weiß, was er kann, bis er es probiert" erscheint hier passend und soll Ihnen einen kleinen „Stups" in die Selbstständigkeit geben. Ohne ein gewisses Risiko kann keine Unternehmensgründung vonstattengehen. Doch damit Sie dieses Risiko minimieren und Ihre Chancen maximieren, um wirklich erfolgreich mit Ihrem geplanten Unternehmen zu werden, gilt es, sich systematisch und rational an das Thema heranzutasten und gezielt dabei voranzuschreiten. Auch wenn Sie den Schritt in die Selbstständigkeit durch die Gründung eines eigenen Unternehmens getätigt haben, verlieren Sie nicht Ihren Mut, weil anfänglich der Kundenstamm zu gering erscheint, das Produkt zu wenig verkauft wird oder sich der Umsatz zu gering abzeichnet. Eine Neugründung dauert erfahrungsgemäß bis zur tatsächlichen

Gewinnausschüttung zwei Jahre an, auch dies sollten Sie im Hinterkopf behalten. Zum einen müssen Sie finanziell diese Zeit trotzdem überbrücken und zum anderen dürfen der Mut und die Euphorie daran nicht zerbrechen. Behalten Sie Ausdauer und Geduld und reflektieren Sie sich und gewisse Teilbereiche Ihres Unternehmens stetig. Wie auch Demokrit einst sagte: „Mut steht am Anfang des Handelns, Glück am Ende", sollten Sie voranschreiten und Ihr Glück einfordern.

Herstellung und Verlag:

BoD – Books on Demand, Norderstedt

ISBN: 9783756221240